Sciences Occultes

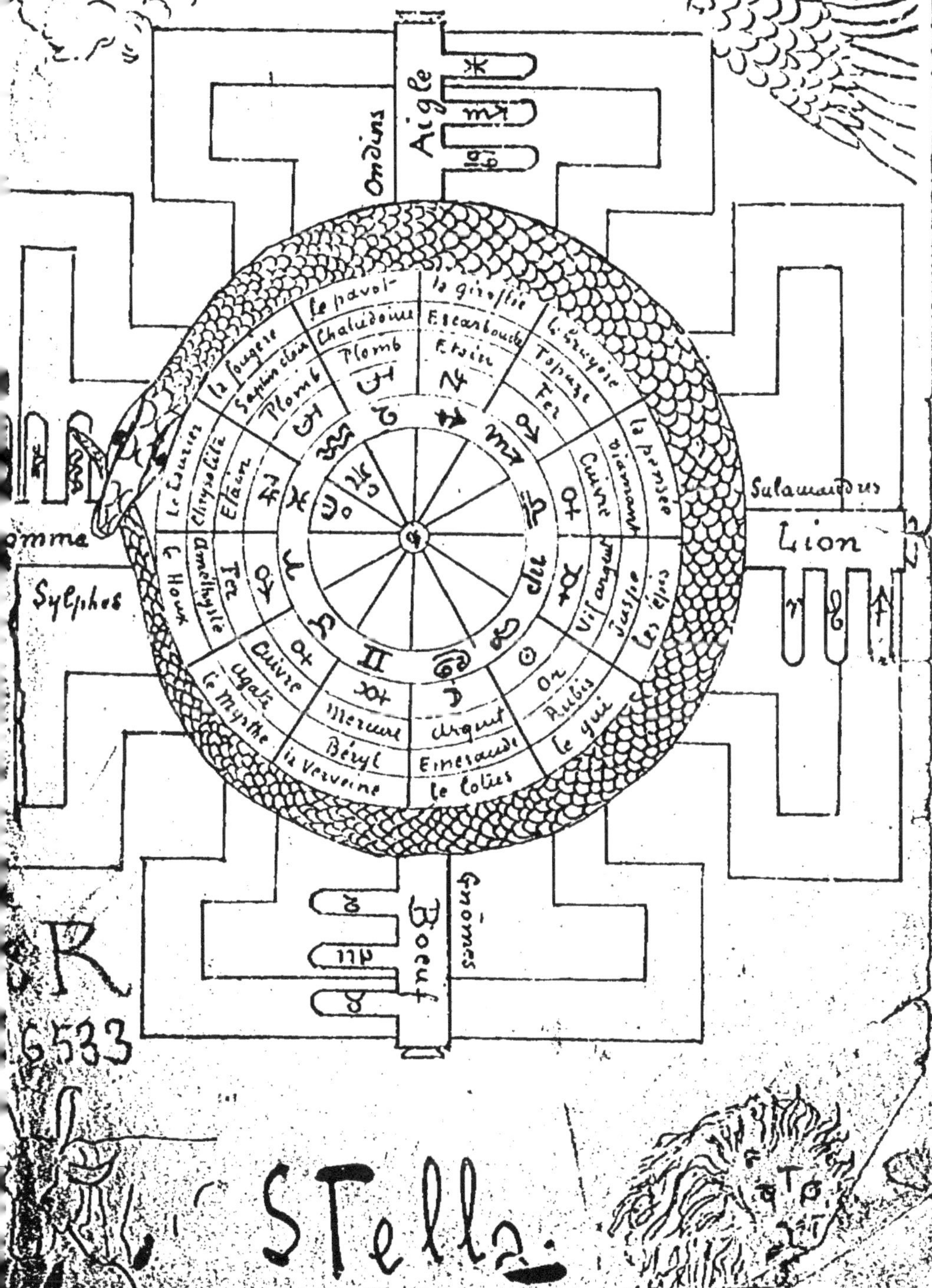

Stella

R
6533

A Louis Stéphane L.

C'est à vous, mon cher philosophe, que je dédie ces pages. L'espoir, le désir que j'ai qu'en les lisant vous les approuviez, m'encourage à donner au lecteur, non pas des choses apprises sur les sciences occultes, mais des choses surprises. Car, vous le dites avec raison, ce qu'on surprend dans l'occultisme est plus précieux que ce qu'on apprend. C'est pour cela que je livre aujourd'hui quelques unes de mes réflexions, de mes observations, de mes surprises, croyant faire mieux que de livrer celui de mes études.

Stella.

★

GRAPHOLOGIE

C'est plus qu'un art divinatoire que la *Graphologie,* et ce sont de longues années qu'il faut consacrer à son étude pour arriver au premier coup d'œil à juger un être, sa nature, son état d'âme; à savoir si ce qu'il dit dans une lettre est oui ou non l'expression de sa pensée au moment ou il écrit.

Apprendre toutes ces règles au lecteur de ces pages est chose que je n'essaierai pas.

Je vais seulement résumer les dominantes des écritures bonnes ou mauvaises, y ajouter les observations personnelles que m'ont apportées des années d'investigation dans cette science, et faire en sorte que ce résultat quintessencié soit suffisant pour que celui qui aurait à juger une écriture puisse, après m'avoir lue, le faire sans erreur et sans difficulté.

Il y a douze choses à regarder très particulièrement dans l'écriture, ce sont :

1° La clarté.
2° La forme.
3° Les majuscules.
4° Les finales.
5° L'épaisseur.
6° L'inclinaison.
7° La liaison.
8° La hauteur.
9° L'ascendance.
10° Le gladiolage.
11° Les traits et les points.
12° Les crochets et les boucles.

1° LA CLARTÉ.

Tout enchevêtrement, toute séparation inégale à l'œil entre les mots, entre les lignes, etc, doivent être considérés comme suspects au point de vue de la précision et de la pondération de l'esprit.

2° LA FORME.

Elle sert à la classification. L'écriture est, ou ronde ou pointue avec des *n* en *u*, ou des *u* en *n*. Si l'écriture est ronde, elle dénote un caractère facile et de la bonté. Si au lieu que les *n* semblent des *u* — les *u* semblent des *n*, quoique l'écriture soit ronde, le caractère est moins facile et la bonté moins grande.

Si, étant ronde, les *n* semblent de *u*, les qualités ci-dessus indiquées s'accentuent, surtout la bonté.

Si l'écriture est pointue, le caractère est difficile; mais avec des *n* en *u*, la bonté persiste.

Pointue, et sans le signe de bonté des *n* en *u*, l'écriture décèle une nature acariâtre et la sècheresse du cœur.

Il faut aussi remarquer si l'écriture est ouverte ou fermée. Ce sont les *a*, les *g* et les *o* qui serviront à fixer sur ce point. S'ils sont ouverts, la nature l'est de même et par conséquent facile à connaître. S'ils sont fermés, il est difficile de la deviner. S'ils sont bouclés ainsi *a* la nature est impénétrable.

3° LES MAJUSCULES.

Quand elles dépassent les autres lettres d'une façon très marquée, il y a toujours dans l'être un sentiment d'amour-propre, de vanité ou d'orgueil.

Si les lettres majuscules sont, d'une façon exagérée non seulement hautes mais larges, il y a en plus de l'orgueil, de l'audace, de l'aplomb.

Si elles sont au contraire *rétrécies* tout en étant hautes démesurément, il y a orgueil de l'âme et gène ou timidité apparente.

4° LES FINALES.

S'il y en a de grandes, la main est ouverte. S'il n'y en a pas, elle est fermée. S'il y en a par places, et si dans d'autres elles manquent, la main s'ouvre sous certaines impulsions, à de certains moments, pour de certaines choses, pour de certaines gens, autrement non.

5° L'ÉPAISSEUR.

Toute écriture qui est uniformément épaisse fait prévoir des instincts sensuels de table ou autre à l'état permanent.

L'écriture appuyée par places seulement, et dont les déliés sont très fins, dénote les mêmes instincts, non plus à l'état permanent, mais sous l'empire d'un goût particulier.

Rien que des traits fins dans l'écriture, laissent voir une nature idéale, que la matière n'attache point.

Ce que je dis là de l'épaisseur de l'écriture peut être dit des points sur les *i*, et des barres sur les *t*, qui ont exactement la même signification selon qu'ils sont appuyés.

REMARQUE: Les *t* doublement barrés sont toujours l'indice d'une nature autoritaire, de l'opiniâtreté dans les desseins et de la force de vaincre les obstacles et cela d'autant plus que les barres seront fortement accentuées. Doublement barrés par des traits fins, la nature est capricieusement dominatrice et sa force ne se montre pas par l'énergie, mais bien par la finesse.

6° L'INCLINAISON.

Les lettres très couchées à droite ou à gauche, selon que l'écriture est ou non renversée, dénotent une nature enthousiaste, tendre et passionnée.

Si l'écriture est très droite, le cœur ne domine pas la tête, au contraire.

Des lettres inclinées et d'autres droites dans le même mot, sont l'indice d'un cœur qui réprime ses élans sous l'empire de la crainte d'être trompé, avant de l'avoir jamais été, si l'écriture porte les signes de l'intuition, que j'indiquerai au paragraphe suivant; l'ayant été déjà, si au contraire l'écriture porte ceux de la déduction.

7° LA LIAISON,

La liaison sert à classer l'écriture en intuitive et déductive. En d'autres termes, en idéale ou positive. Le trait de l'intuition, que j'appellerai occultement le sixième sens, est l'interruption entre les lettres d'un même mot. Ce qui marque la déduction est la jonction des lettres.

L'intuition ou idéalité fera les rêveurs, les poètes, les artistes et, plus l'écriture portera les traits d'élégance, de noblesse d'âme, c'est-à-dire, plus elle renfermera, jointes au signe de l'intuition, de lettres gracieuses et de forme point ordinaire, plus il sera facile de juger du degré d'élévation qu'atteindra l'artiste dans son art.

Il faut une grande habitude pour voir dans certaines écritures la disjonction des lettres, mais il faut avec soin l'y chercher, et cette recherche est d'autant plus intéressante qu'elle livre l'état d'âme de celui qu'on étudie, et que, dans une écriture qui offrirait tous les signes de la plus brutale matérialité, une seule disjonction surprise, en dirait plus qu'on ne peut penser sur les envolées de l'âme d'un être qui semble croire qu'il n'en a pas.

Si l'interruption entre les lettres est permanente, l'intuition est continuelle et donne comme résultante une nature de rêves, d'illusions, de poésie. Si elle n'existe pas du tout (chose que je crois impossible) l'être n'est soumis qu'à la logique et par conséquent il est matérialiste.

C'est ici que j'ajouterai que les *d* qui se joignent parfaitement à la lettre suivante comme *de* sont le signe le plus distinctif de la déduction, de la liaison d'idées.

8° LA HAUTEUR.

Le corps d'un mot en lettres grandes et larges, avec les majuscules à peine plus hautes que les autres lettres, fait juger d'une nature orgueilleuse, quoique simple d'apparence et d'approche facile.

La simplicité disparaîtra, si les lettres majuscules sont hautes en proportion de l'écriture, et si elles la dépassent considérablement; de même que si l'écriture est par trop grande, c'est un signe de prodigieux orgueil et de prodigalité.

Les lettres très hautes mais serrées, indiquent l'orgueil de l'âme, mais la timidité ou certaine gêne du corps.

L'écriture très petite, très serrée est un indice d'amour de l'argent.

9° L'ASCENDANCE.

L'ascendance des mots ou des lignes est un signe de courage, d'audace, de grandeur d'âme dans l'adversité. Ce signe existe aussi quand les lignes sont absolument droites — mais le contraire a lieu quand les mots et les lignes descendent. Il y a alors manque de réaction dans les peines.

Quelques personnes disent. « J'écris toujours comme cela, cependant je n'ai pas de découragement à avoir, rien ne me tourmente, etc ».

C'est possible, mais soyez certain que si l'adversité vous frappait, vous seriez sans force contre elle.

10° LE GLADIOLAGE.

Toute lettre inégale dans le corps d'un mot, tout mot inégal dans le corps d'une ligne, toute ligne inégale dans le corps d'une page, indiquent la finesse, la diplomatie, la ruse, la droiture, la franchise, la naïveté même, sont indiquées par la régularité non voulue des lettres et s'accentuent par les lettres grossissant à la fin des mots.

La tendance à altérer la vérité, est par conséquent marquée par les lettres d'un mot diminuant de la première à la dernière et souvent la fin du mot devenant illisible.

11° LES TRAITS ET LES POINTS.

Le soulignement habituel des mots indique un esprit mal équilibré.

Double ou triple, il accentue cet état de l'esprit. Il en est de même des points d'exclamation dont certaines écritures sont remplies. Leur abus peut faire présager une maladie du cerveau. Certains points sont au contraire très éloquents ; ce sont les points de suspension — mais, ils ont besoin d'être mis bien à propos. Dans le cas contraire, on peut leur assigner la même signification.

Le trait qui sert à détacher complètement une phrase d'une autre, est appelé en graphologie, le trait du procureur. Il indique la juste méfiance et le signe graphique qui lui est opposé est le « point » au lieu du « trait » qui ainsi placé, indique la méfiance non justifiée.

12° LES CROCHETS ET LES BOUCLES.

Tout crochet ou harpon, montre l'être s'aimant lui-même et toutes choses pour lui. De cette disposition naît la jalousie.

Un « altruiste » ne laissera jamais percevoir l'ombre d'un crochet dans son écriture.

Les boucles n'ont pas la même signification, surtout quand elles semblent faites dans le but d'embellir l'écriture. Elles sont alors un indice de respect humain, de coquetterie, ou de vanité.

Une étude spéciale de la signature doit être faite et peut, à elle seule, suffire à déterminer un jugement. Pour cela, on doit en voyant une signature, regarder d'abord à quelle catégorie ci-dessous indiquée elle appartient. Ce premier point fixé, l'étudier dans la netteté, la forme, la liaison, l'ascendance, etc, etc., exactement comme on le ferait du corps de l'écriture.

Il y a six genres de signatures :

1° Celles qui sont simples
2° » » » pointées
3° » » » paraphées
4° » » » enlacées
5° » » » enchevêtrées
6° » » » originales.

1° Celles qui sont simples, c'est-à-dire qui ne comportent que le nom sans un trait ou un signe quelconque.

Elles indiquent une nature droite, simple et bonne. C'est la signature des humanitaires.

2° Celles qui sont pointées. Si elles le sont d'un point, c'est l'indice d'une nature méfiante, si elles le sont de deux et plus (à moins que ces points ne soient un signe de convention, comme le .·. des f. m.) la méfiance est inqualifiable.

3°. Celles qui sont paraphées. Si elles

le sont d'un trait mince et long, ce trait indique de l'obstination dans les désirs nés le plus souvent d'un caprice autoritaire, et de la décision qu'il serait meilleur souvent de ne pas avoir.

Le trait mince et court est le diminutif de cette disposition.

Si elles le sont d'un trait fortement tracé, sans hachures, et de la longueur du nom, ce trait dénote une grande énergie, de la puissance dans l'exécution des desseins et beaucoup de volonté. (1)

Si elles le sont d'un « éclair » sillonnant le papier et toujours grossissant, cela indique une nature de lutte et d'ardeur ne reculant devant rien pour arriver à son but.

Si elle sont d'un « yatagan » c'est-à-dire d'un trait gros d'abord et finissant en pointe, elles montrent une disposition de l'esprit à la ruse, la causticité, au trait acéré de la plume ou de la parole.

Si elles le sont d'une massue, c'est-à-dire d'un trait fin d'abord et violemment terminé, c'est le pronostic de l'emportement, de la colère, de la violence ou de la haine.

4° Celles qui sont enlacées. Si le nom est complètement entouré d'un trait de plume, cela dénote une nature qui concentre tout

---

(1) Ceux qui ont cette signature ne sont susceptibles de faiblesse que si on fait appel à leur cœur. L'amour et la pitié les soumettent absolument.

sur elle et les siens. Si le trait ou lasso n'est pas absolument fermé, quelque sentiment altruiste peut se faire jour.

Si le lasso est double, il est impossible de plus aimer les siens, de moins aimer les autres.

5° Si elles sont enchevêtrées.

Lorsqu'après le nom se trouve une combinaison de traits formant un enchevêtrement en guise de paraphe. Si cet enchevêtrement se compose de peu de traits, cette signature fait présager le goût de l'argent et l'habileté du commerce.

Si les traits qui le forment sont nombreux, c'est la passion de l'argent, le savoir faire, la ruse commerciale qui se marquent.

Si l'enchevêtrement est extrême, on peut trouver dans cette signature l'idolâtrie de l'argent et l'âpreté au gain.

6° Celles qui sont originales.

Si leur originalité est élégante et gracieuse, elles détermineront la personnalité dans le même sens.

Celles qui sont formées de lettres fantaisistes ou typographiques indiquent les dispositions artistiques.

Celles qui sont bizarres, ornées de fioritures, montrent de l'étrangeté, de la bizarrerie dans le caractère autant que dans le talent, si cette signature appartient à un artiste ou à un auteur, etc.

Celles qui sont faites de traits violents,

de pleins excessifs et de déliés ténus, seront toujours l'indice d'une orgueilleuse personnalité dont malheureusement le renom dépassera souvent le mérite.

Il est à remarquer que toute écriture ou signature qui comporte un signe anormal, dénote dans celui qui l'emploie une particularité d'esprit, de cœur ou de sens. On saura auquel de ces trois plans l'attribuer, si on observe que ce signe porte sur la matière, et alors on le trouvera dans l'épaisseur de l'écriture, ou sur l'esprit, et ce sera dans l'inclinaison, ou sur le cœur, et ce sera la liaison qui nous le montrera. Car il faut toujours considérer les choses sur lés trois plans et non pas sur un seul. C'est dans cet ordre d'idée qu'on verra toute qualité ou défaut indiqué d'une manière indéniable dans l'écriture, montrer aux yeux observateurs, non seulement le cœur de l'être qu'il étudie, mais le trait dominant de son visage, et celui particulier de son esprit.

Prenons comme exemple une personnalité disparue et d'un genre tellement marqué, que la juger sur les trois plans soit chose facile.

Le duc de Brunswick, dont l'écriture portait tous les signes de la plus orgueilleuse et bizarre nature, avait le visage de son écriture comme il en avait le cœur et l'esprit.

REMARQUE IMPORTANTE

Je ne saurais trop attirer l'attention du lecteur sur l'écriture « de volonté » et sa signature. L'écriture de volonté est celle qu'on choisit, qu'on se fait, et que quelquefois on prend involontairement sous l'impression d'une ambition qui naît, ou d'une personnalité qui s'affirme, d'une déception ou d'une réalisation. Généralement l'écriture devient droite, alors qu'on l'avait eu couchée, pointue, alors qu'on l'avait eu ronde.

L'être est jugé sur cette écriture comme sur celle qu'il avait précédemment, puisque lorsqu'il la prend, il prend la nature qui y est adéquate. Mais, il est toujours bon de connaître l'écriture quittée pour prendre celle de volonté, et de savoir depuis quand s'est opéré ce changement.

Par la comparaison avec l'écriture primitive, on voit quelles sont les qualités qui se sont affirmées, ou celles qui se sont perdues ; enfin, quelles transformations se sont faites dans la nature. Par l'époque du changement, on voit depuis quand date cette seconde nature.

SECONDE REMARQUE

L'écriture peut ne pas changer, et seule la signature changer ou prendre un trait nouveau et transcendant. La nature alors ne change pas, mais quelque chose s'y ajoute et la détermine.

Je vis un jour une signature de volonté. Elle était à peu près ainsi faite.

Je demandai à la personne qui me donnait cette signature, si elle l'avait toujours eue.

Elle me répondit négativement :

Et depuis quand, Madame, signez-vous ainsi, questionnai-je.

Depuis quatre ans, je crois.

« Vous ne pouvez pas croire, Madame, vous devez être sûre; car, s'il y a quatre ans que vous signez ainsi, c'est qu'il y a quatre ans, il s'est produit dans votre vie un évènement tel, qu'il a fait de vous une autre femme ».

C'était vrai, et j'obtins une réponse qui, une fois de plus me prouva la justesse de cette observation.

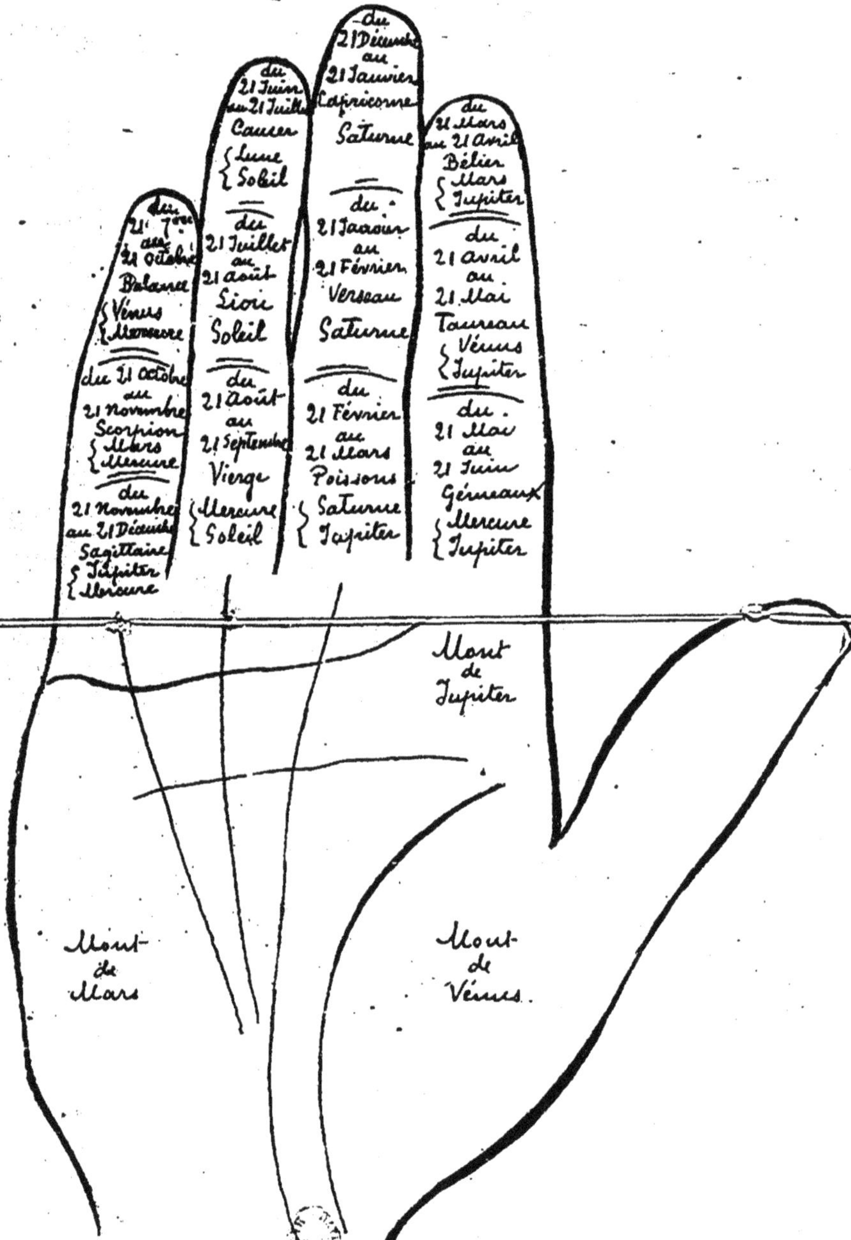
du 21 7bre au 21 Octobre
Balance
Vénus Mercure
du 21 Octobre au 21 Novembre
Scorpion
Mars Mercure
du 21 Novembre au 21 Décembre
Sagittaire
Jupiter Mercure
du 21 Juin au 21 Juillet
Cancer
Lune Soleil
du 21 Juillet au 21 août
Lion
Soleil
du 21 Août au 21 Septembre
Vierge
Mercure Soleil
du 21 Décembre au 21 Janvier
Capricorne
Saturne
du 21 Janvier au 21 Février
Verseau
Saturne
du 21 Février au 21 Mars
Poissons
Saturne Jupiter
du 21 Mars au 21 Avril
Bélier
Mars Jupiter
du 21 avril au 21 Mai
Taureau
Vénus Jupiter
du 21 Mai au 21 Juin
Gémeaux
Mercure Jupiter
Mont de Jupiter
Mont de Mars
Mont de Vénus

CHIROMANCIE

Pas plus que pour la Graphologie, ce ne sont les règles de la science que je veux donner. D'Arpentigny et Desbarolles sont les maîtres qu'on étudiera pour faire la distinction des doigts pointus, carrés et spatulés ; des lignes de tête, de cœur et de vie.

Ici, je ne donne que des notes d'observation, que des choses faciles à regarder à connaître, qui ne sont indiquées dans aucun traité de chiromancie, et qui en diront plus sur l'être intime, que les plus ardues et les plus scrupuleuses recherches.

Je parlerai du « développement de la main » c'est-à-dire de l'espace contenu entre le pouce et le petit doigt, la main étant aussi ouverte que possible.

Etant données deux mains de la même grandeur, dont les doigts seraient également longs ; l'une peut présenter un développement beaucoup plus grand que l'autre.

De ce développement, quand il est grand, on peut conclure à l'adresse, à la clarté, à la précision, à la déduction, dans la mesure de son étendue.

De ce développement restreint, on peut conclure à l'inhabileté manuelle et intellectuelle, à l'hésitation dans l'action, au peu de netteté des idées.

Règle Générale. La main doit s'ouvrir en largeur de la mesure exacte de sa longueur.

Je signalerai qu'une observation doit être faite dans l'étude de la main ; que cette observation prime toutes les autres, sauf celle du développement, c'est celle de la naissance.

Qui n'a vu la main d'êtres très malheureux traversée d'une ligne que les chiromanciens appellent « ligne de chance » ?

Or, cette ligne, qui est celle qui part du bas de la main pour arriver au-dessous du doigt du milieu, n'a d'importance et n'est réellement ligne de chance que pour ceux qui ne sont pas nés du 21 Décembre au 21 Mars. (1) Quand bien même ces derniers auraient une ligne de chance très bien marquée, il ne s'en suivra pas qu'ils aient autre chose que de la fatalité ; car cette ligne n'est qu'une ligne naturelle à ces naissances, et c'est alors celle qui se trouve sous l'annulaire, qui sera pour eux l'indication de la chance.

Dans des mains de ceux qui sont nés du 21 Février au 21 Mars, il faut remarquer qu'en outre de ce que la ligne de chance

(1) Voir la main planétaire ci-contre.

n'en est pas une pour eux, tout signe sur le mont de Jupiter [1] n'a pas d'autre importance que de caractériser la naissance.

Pour les êtres nés du 21 Juin au 21 Septembre, la ligne au-dessous de l'annulaire, qu'on appelle ligne du soleil et qui indique l'éclaircissement de la situation, l'amour des arts, les grands succès etc., n'a plus cette signification. Elle devient une ligne naturelle comme celle du milieu de la main le devient pour ceux qui naissent du 21 Décembre au 21 Mars. Il en est de même de la ligne qui part de la ligne de vie ou du creux de la main et se dirige vers le petit doigt, ligne qu'on appelle mercurienne, et qui est naturelle aux mains de ceux qui sont nés du 21 Mai au 21 Juin, et du 21 Août au 21 Décembre. Cette ligne a seulement une détermination touchant la question argent ou commerce dans les mains de ceux qui ne sont pas de ces naissances.

Tout signe sur le mont situé au-dessous du pouce et dénommé en chiromancie « Mont de Vénus » ne doit être remarqué et n'a d'importance sur la destinée, que si la naissance de celui qui possède ce signe n'a pas eu lieu du 21 Avril au 21 Mai, ni du 21 Septembre au 21 Octobre. Dans ce dernier cas, ce signe devient naturel et sans indication spéciale au point de vue du destin. C'est simplement l'accusation de la nature qu'apporte Vénus à ceux qui naissent sous son influence.

(1) Mont qui se trouve au-dessus de l'index.

Remarque : Je connais une main dans laquelle existe sur le Mont de Mars, un bouclier très bien formé. Longtemps, au début de mes études, je cherchai l'explication d'un tel signe dans la main d'une personne dont la vie n'avait rien qui pût le motiver. J'eus la clé de l'énigme, quand je référai à la naissance. Cette personne était née le 7 Novembre, signe du Scorpion, influence de Mars-Mercure. Pour elle, la ligne placée sous le petit doigt, pas plus que le signe de Mars, n'avaient une signification autre que l'influence de ces planètes à la naissance.

HAUTEUR DES DOIGTS

C'est un point sur lequel j'attire l'attention du lecteur.

Le doigt du milieu ou médius, doit dépasser d'autant l'index que l'annulaire, et l'auriculaire ou petit doigt, doit atteindre la dernière phalange de l'annulaire.

L'index rejoignant presque le doigt du milieu dénote orgueil. Si la main est bonne, c'est orgueil de comparaison — c'est-à-dire estime de soi et connaissance de sa valeur.

C'est aussi un signe d'art, d'ambition et de goûts élevés.

Les artistes qui arrivent, qui ont l'amour de leur art, qui acquièrent du renom, ont rarement un index court.

L'annulaire égalant presque le médius est un signe de chance. Ceux dont ce doigt dépasse la limite ordinaire, peuvent être assurés de quelque bonheur inattendu. Cette chance porte sur la fortune. Par contre, les mains dans lesquelles il n'atteindra pas la dernière phalange du doigt du milieu, seront peu chanceuses.

Si le petit doigt n'atteint pas la dernière phalange de l'annulaire, on peut conclure à la franchise, si grande qu'elle serait plutôt nuisible. Mais, si la main dans laquelle on trouve un semblable petit doigt, ne présente pas un développement assez étendu pour sa grandeur, ce sera naïveté ou sottise.

Si le petit doigt égale presque l'annulaire, en tous cas, s'il dépasse la dernière phalange, il indiquera toutes les finesses, et l'habileté à dissimuler, à feindre.

Si le développement d'une telle main égale sa hauteur, il faut conclure à la diplomatie.

Avis. — Se méfier des mains qui, sans développement ont l'auriculaire long. Elles indiquent le mensonge et la tendance au vol.

Il ne faut pas manquer d'observer, comme je l'ai indiqué ci-dessus, la question de la naissance, car un index long est naturel aux mains de ceux qui sont sous l'influence de Jupiter, comme la longueur du doigt du milieu n'a d'importance que pour ceux qui ne sont pas Saturniens. L'annulaire dépassant la limite ordinaire indiquera la bonne fortune à celui qui ne sera pas né sous l'influence du Soleil et le petit doigt d'un être d'une naissance influencée par Mercure pourra être long, sans dénoter rien de particulier.

Une bonne étude à faire, est celle qui consiste à regarder la main les doigts étant joints.

Si, entre les doigts, aucune ouverture ne se laisse voir, concluez à la sensualité, à la sécheresse de cœur, à l'amour de l'argent, à l'égoïsme enfin.

Si quelques interstices existent, la main est ouverte.

S'ils sont nombreux, la nature est prodigue.

Voulez-vous savoir sous l'empire de quel sentiment la main s'ouvre?

Regardez ou sont placés les interstices. Sont-ils entre le doigt du milieu et l'index? Ce sera pour le confort, l'élégance, ou pour satisfaire une ambition. Un peu de gloriole existera dans la manière de dépenser, on aimera l'éclat.

Sont-ils entre le doigt du milieu et l'annulaire? Ce sera par bonté, on aimera faire le bien pour le bien, on dépensera beaucoup aussi pour le luxe futil, léger, les bibelots, les fleurs, les parfums, etc.

Sont-ils entre l'annulaire et le petit doigt. C'est la dépense des intellectuels; on fera des collections, on achètera des tableaux, des livres, etc.

REMARQUE IMPORTANTE (1)

Toute main dans laquelle on trouve une ligne qui la coupe, en traversant les lignes de cœur, de tête et de vie — souvent coupant même le mont de Vénus — appartient à un être proche, ou en tous cas susceptible d'*évolution*, quels que soient les indices contraires renfermés dans les lignes, les monts, etc.

★

(1) Cette remarque est uniquement faite pour les initiés.

SCIENCE ASTRALE

La science astrale remonte aux Chaldéens, qui vivaient continuellement dans l'observation de la nature et de ses lois. Ils étaient certainement plus avancés que ne l'ont été les astrologues les plus en renom au moyen-âge. Elle n'est aujourd'hui qu'au début de sa renaissance.

Rien n'est plus difficile que de lui faire faire quelques pas, et les esprits sérieux qui le tentent y renoncent souvent, parce qu'il faudrait pour la relever de nombreuses observations, et que l'esprit du jour est trop personnel, pour qu'il soit possible d'obtenir une réponse au questionnaire qui devrait être posé à ceux desquels gratuitement on étudierait la naissance.

Le progrès qui se fait vers les sciences occultes est grand, et presque personne actuellement ne s'étonne d'entendre dire que la nature se reconnaît à la physionomie, la phrénologie, la chiromancie, la graphologie, etc.

La science des astres est plus ancienne que les autres branches de l'occultisme. C'est elle qui en est la mère, et c'est parce que tous ses éléments sont en parties perdus, qu'elle est si lente à reprendre son rang.

Mais elle est appelée à refleurir, expurgée de tout ce qu'on lui attribue d'antiscientifique, et un jour viendra ou chacun pourra dresser un thème de nativité — autrement dit, un état du ciel à une date et une heure fixées — et avec les règles de la Science Astrale alors reconstituée, savoir à quelles influences il doit sa forme, son tempérament, sa nature intime, ses maladies ; quel terme est assigné à sa fortune et à ses ambitions.

Tout être qui ne croit pas au prédestin, sera réfractaire à l'étude des sciences occultes, et de la science astrale en particulier ; mais tout esprit observateur se rendra vite à cette croyance que l'homme possède le libre arbitre intellectuel, contrarié par le corps ; certain libre arbitre moral, soumis au corps ; mais, point de libre arbitre matériel. Et c'est là ce que l'on appelle la fatalité.

Si l'on remonte à la plus lointaine antiquité, on trouve ce mot dans la bouche de tous les peuples et dans celle des philosophes qui ont dirigé l'âme des nations.

Pythagore, Socrate, Épictète, Manilius, Sénèque et tant d'autres reconnaissaient la fatalité comme absolument maîtresse des humains, et se soumettaient à être élevés ou précipités par ses coups.

Épictète disait très simplement, tant sa conviction était profonde : « Je suis esclave, il m'est donc bon de l'être. Grand Jupiter, et vous, puissante Destinée, tout ce que vous ferez de moi sera ce qui me convient le mieux. Conduisez-moi partout où vous avez arrêté qu'il m'est bon d'aller, je suis prêt à vous suivre. Aussi bien, je m'obstinerais à vous résister, je ne serais que mon propre ennemi et il faudrait toujours finir par vous obéir. Celui qui cède à la nécessité est véritablement sage; il connaît la bonté des Dieux, il est habile dans la connaissance de leurs secrets.

Sénèque le philosophe, dans les Questions naturelles dit : le destin se déroule d'une telle manière; il envoie d'avance et partout des indices précurseurs dont les uns nous sont familiers, les autres nous sont inconnus. Tout évènement devient le pronostic d'un autre ; les choses fortuites seules, et qui s'opèrent en dehors de toutes règles, ne donnent point de prise à la divination. Ce qui procède d'un certain ordre peut dès lors se prédire. Il n'est aucun des êtres dont les mouvements et la rencontre ne présagent quelque chose. L'auspice à besoin de l'observateur, il est déterminé par l'homme qui y dirige son attention, ceux qui passent inaperçus n'en avaient pas moins de valeur. L'influence des cinq planètes est consignée dans les observations des Chaldéens. Mais, dites-moi, tant de milliers d'astres luiraient-ils en vain dans le Ciel ? Qu'est-ce qui égare les tireurs d'horoscopes, si ce n'est de ne rattacher notre sort qu'à cinq astres seulement, quand pas un de ceux qui brillent au-dessus de nos têtes n'est sans influence sur notre avenir. Les astres les plus rapprochés de l'homme agissent peut-être plus immédiatement sur lui, ainsi que ceux qui par la fréquence de leurs mouvements, le frappent, lui et les autres êtres, sous des aspects plus variés, mais ceux mêmes qui sont immobiles, ou que leur rapidité, égale à celle du monde fait paraître tels, ne laissent pas d'avoir droit et empire sur nous. Considérez encore autre chose que les planètes — tenez compte de tout, et l'horoscope sera complet.

Pythagore, dans ses vers dorés que j'ai toujours considéré comme les tables de la Loi, avant la Loi, nous montre que nous sommes soumis, quand à la question matérielle, lorsqu'il dit : « Choisis pour ton ami, l'ami de la vertu. Cède à ses doux conseils, instruis-toi par sa vie, et pour un tort léger, ne le quitte jamais. Si tu le peux, du moins, car une loi sévère, attache la Puissance à la Nécessité ».

Mais il montre qu'il croit que nous avons certaine liberté sur le plan supérieur, quand il dit : « Il t'est pourtant donné de combattre et de vaincre tes folles passions, apprends à les dompter ».

Il ne dit pas : « Il t'est donné de combattre et de vaincre tes passions », mais, tes folles passions, c'est à dire, celles qui sont excessives. Pour moi, cela équivaut à dire : « Tu peux ramener tes passions à l'équilibre de ta forme ».

Pour moi, qui désire que le lecteur me suive sur le terrain de la science astrale, j'ai cité les hommes sur le jugement desquels je m'appuie dans cette croyance que les humains sont prédestinés et que les astres influent sur eux.

J'ajoute que ce passage des Écritures : « Et Dieu jugera chacun selon sa forme » a été pour moi l'objet de profondes méditations, et que ce qu'il m'a été donné d'en comprendre a levé les doutes que j'avais encore, lorsque, par une grâce spéciale, il tomba sous mes yeux.

Nous évoluons chacun selon notre forme, et nous n'avons de liberté que, de ce que cette forme peut le moins, à ce qu'elle peut le plus,

Il y a des formes bonnes, honnêtes, sobres, chastes, simples. Les êtres qui naissent avec ces formes sont susceptibles de plus ou moins de bonté, d'honnêteté, de sobriété. de chasteté, de simplicité — mais, ils ne pourront jamais être méchants, voleurs, ivrognes, libertins, orgueilleux. Ces défauts s'adapteront à d'autres formes, qui ne permettront à ceux qui les auront que des modifications limitées. Mais il y a des formes douteuses, car l'harmonie admirable de la création existe partout et tous les règnes, toutes les choses, tous les êtres, toutes les formes sont liées, et s'accordent aux extrémités de façon que la chaine soit ininterrompue et que Dieu, l'homme et l'univers soient indissolublement unis.

Jetons un instant les yeux sur cette chaîne, et voyons les points de jonction qui unissent les règnes.

Entre la terre et la pierre, c'est l'argile.

Entre la terre et les métaux, ce sont les marcassites et autres minéraux.

Entre les pierres et les plantes, ce sont les espèces de corail qui sont elles-mêmes plantes, produisant racines, rameaux et fruits.

Entre les plantes et les animaux, ce sont les zoophytes ou plantes-bêtes qui ont sentiment et non mouvement, et tirent leur vie par des racines attachées aux pierres.

Entre les animaux terrestres et aquatiques, ce sont les amphibies, comme les loutres et les cancres.

Entre les aquatiques et les oiseaux, ce sont les poissons-volants.

Entre les autres bêtes et les oiseaux, c'est la chauve-souris.

La transition du règne animal à l'homme est marquée par le singe.

Entre toutes les bêtes brutes et Dieu, existe l'homme, dont le corps est partie mortelle et l'âme partie immortelle.

Evidemment, cette chaîne des êtres qui se relie à l'homme et sur laquelle il a le commandement ne s'arrête pas à lui, mais l'évolution continue vers les mondes qui lui sont supérieurs.

Je reviens aux formes douteuses, Ce sont celles des êtres aussi susceptibles de faire le bien que de faire le mal — qui tournent d'un côté ou de l'autre sous l'influence du milieu. Ces êtres sont aussi capables d'une action d'éclat et de mérite, que d'une mauvaise; tandis qu'une forme nettement accusée, ne s'influence ni du milieu, ni de l'éducation.

Les êtres dont la forme est douteuse servent de transition entre l'homme mauvais, qui se rapproche de l'animal, et l'homme bon, qui se rapproche de Dieu.

Beaucoup pensent qu'il est pas bon d'affirmer la croyance au prédestin, à la fatalité, sous prétexte qu'il n'y aurait plus qu'à se laisser aller à ses instincts et qu'il n'arriverait jamais que ce qui doit arriver. C'est une profonde erreur de croire que Celui, qui nous a soumis à des lois universelles contre lesquelles il est inutile de lutter, ne l'ait pas fait de telle sorte que notre soumission nous parut volontaire et fut obligatoire.

Nous ne pouvons accorder notre tempérament et notre forme avec nos croyances et nos désirs. Ce tempérament et cette forme soumettent notre corps aux règles qui régissent la matière, comme y sont soumis tous les règnes de la Création; et c'est d'eux que résultent les inclinations, les qualités, les passions, les aptitudes, les goûts, les sympathies, les antipathies, les aversions personnelles, les tendances à contracter telle ou telle maladie, etc.

Comment expliquerions-nous que Caton qui, comme stoïcien a, toute sa vie, enseigné l'inutilité des larmes, disant qu'il y a autant de faiblesse à pleurer son ami, qu'à pleurer son manteau, au lieu d'en chercher un autre, ait pu donner les marques de la plus violente douleur, et sangloter, et crier, et s'arracher les cheveux, quand il apprit la mort de son frère; si ce n'est en disant que le corps obéit aux lois inférieures, et l'âme aux lois supérieures; que cette dernière est susceptible d'élévation et que la forme régie par le tempérament est un obstacle à cette élévation. Cette liaison de l'âme avec le corps n'est pas une cause de félicité pour elle, en ce que le corps contrarie et comprime sa puissance d'activité. C'est pour cela que les êtres qui tâchent à l'évolution, sentant mieux cette contrainte, et en souffrant davantage, essaient de réduire le corps en lui refusant des satisfactions qui, lorsqu'elles lui sont accordées, le rendent si puissant à les revendiquer comme lui étant dues.

Ne doutons pas un instant que la souveraine Justice, qui juge chacun selon sa forme, c'est-à-dire qui ne demande que ce que cette forme peut donner, ne se soit manifestée en nous plaçant sur la terre, et que les qualités que nous y apportons, la vie que nous y menons, heureuse ou non, ne soit un effet de cette justice admirable.

Aussi, les êtres qui évoluent en ce monde dans des formes supérieures, sont-ils d'une résignation parfaite dans les épreuves qui leur sont réservées, et cette résignation produit-elle en eux d'heureux effets; tandis que ceux qui passent sur cette terre dans des formes inférieures se révoltent, et cette révolte ne fait qu'augmenter leurs maux.

Mais la soumission des premiers et les bienfaisants effets qu'ils en recueillent, la révolte des seconds et les maux qu'elle leur inflige, tout est le fait de cette immuable justice qui ne pourra pas plus demander à un violent d'être un doux, qu'elle ne pourrait, dans les animaux, demander au loup les qualités de l'agneau.

J'emprunte à la Lumière d'Égypte, dont non seulement la lecture, mais l'étude approfondie doit être recommandée à tous ceux qui veulent avancer dans la Science Astrale et dans le chemin de l'Evolution, la définition donnée par l'auteur de la manière dont l'influence planétaire se fixe sur l'être humain à sa venue en ce monde. C'est la meilleure et la plus compréhensible définition qui puisse être donnée d'une chose si peu facile à expliquer.

La Lumière d'Egypte dit : « Le vrai secret de l'influence planétaire en ce qui concerne la bonne ou la mauvaise chance, c'est l'harmonie ou la dissonnance magnétique. La couleur et la polarité magnétique sont fixées, avec la vitesse de l'éclair, au premier instant de notre existence matérielle séparée. Ce moment exact est généralement celui où l'enfant existe comme être indépendant de sa mère. Jusqu'à ce moment le corps est polarisé par la force animique de la mère, et les planètes ne peuvent l'influencer que par l'action réflexe qui provient de l'organisme de la mère; mais, lorsque le lien est coupé, les poumons se gonflent de l'atmosphère magnétique chargée de l'influx stellaire, et en un instant tout l'organisme tressaille des vibrations de la puissance céleste. Ces vibrations une fois en action conservent leur polarité spéciale durant tout le cours de l'existence terrestre. »

Selon qu'à ce moment précis où l'être respire les astres présentent entre eux des angles aigüs, obtus ou droits, selon que les planètes bénéfiques se trouvent placées dans d'heureux signes ou non, selon que les maléfiques sont jointes ou non à des étoiles violentes ou favorables, en un mot, de cet état harmonique ou non du Ciel, la forme, le tempérament, le prédestin de l'être peut être connu.

C'est le lieu qu'on appelle ascendant qui indique la forme, le tempérament et la nature intime de l'être.

L'ascendant est le point de l'Orient où, si nous nous figurons être sur une montagne et la terre tournant, il semble qu'on voit monter les constellations.

Pour déterminer ce point rétrospectivement à la naissance, il faut absolument en connaître non seulement la date exacte, mais le lieu, pour la latitude et l'heure exacte pour la longitude. Il est de toute impossibilité de le donner autrement, mais avec ces données on arrête l'horizon à ce point et le Ciel présente aux yeux le miroir d'une existence harmonieuse ou non, c'est-à-dire heureuse ou non.

La Science Astrale mérite une étude si sérieuse, que je ne puis essayer ici que de faire comprendre qu'il y a en elle autre chose que ce que des esprits prévenus et de parti-pris ont voulu et veulent y voir. Certes, elle se prête au charlatanisme et bien des abus seront faits en son nom; mais, elle doit en sortir victorieuse et fixer l'attention d'observateurs infatigables, qui la feront sortir de l'état stationnaire dans lequel elle est.

Le meilleur moyen de la remettre en faveur, serait de placer autant que possible, le Thème de Nativité d'enfants desquels on pourrait obtenir l'heure de naissance d'une manière absolument précise, et dont on suivrait la vie. A chaque accident ou évènement, on placerait de suite l'état du Ciel, et on ferait en détail l'étude comparée de ce Ciel avec celui de la naissance. Il suffirait de faire cela sur quelques naissances qui se seraient produites le 21 ou le 22 d'un mois; cette date étant celle du passage du Soleil d'un signe dans l'autre, ce qui fait présager pour l'être une nature plus complexe et pour la Destinée une existence plus mouvementée.

Cette étude faite sérieusement donnerait des résultats qui, publiés, ouvriraient certainement les yeux sur la Science Astrale qu'aujourd'hui je proclame science d'observation et de précision jusqu'à ce que ses progrès et sa faveur me donnent raison.

J'ajouterai, avant de terminer, que la Science Astrale est reconnue par les Pères de l'Eglise. Saint-Jérôme, dont l'épitre à Paulin fut par l'ordre de Sixte-Quint placée en tête de la Bible, met l'astrologie au nombre des sciences utiles, quand il dit : « Je ne vous parlerai point des Géomètres, des Mathématiciens, des Astronomes, des Astrologues, des Médecins, dont l'art est très utile aux humains.

★

EXPLICATION DES SIGNES DES PLANÈTES

pour aider à comprendre les ciels ci-joints

☉ Soleil.

☽ Lune.

☿ Mercure.

♀ Vénus.

♂ Mars.

♃ Jupiter.

♄ Saturne.

♅ Uranus.

♆ Neptune.

☊ Nœud ascendant de la Lune.

☋ Nœud descendant de la Lune

⊕ Partie de Fortune.

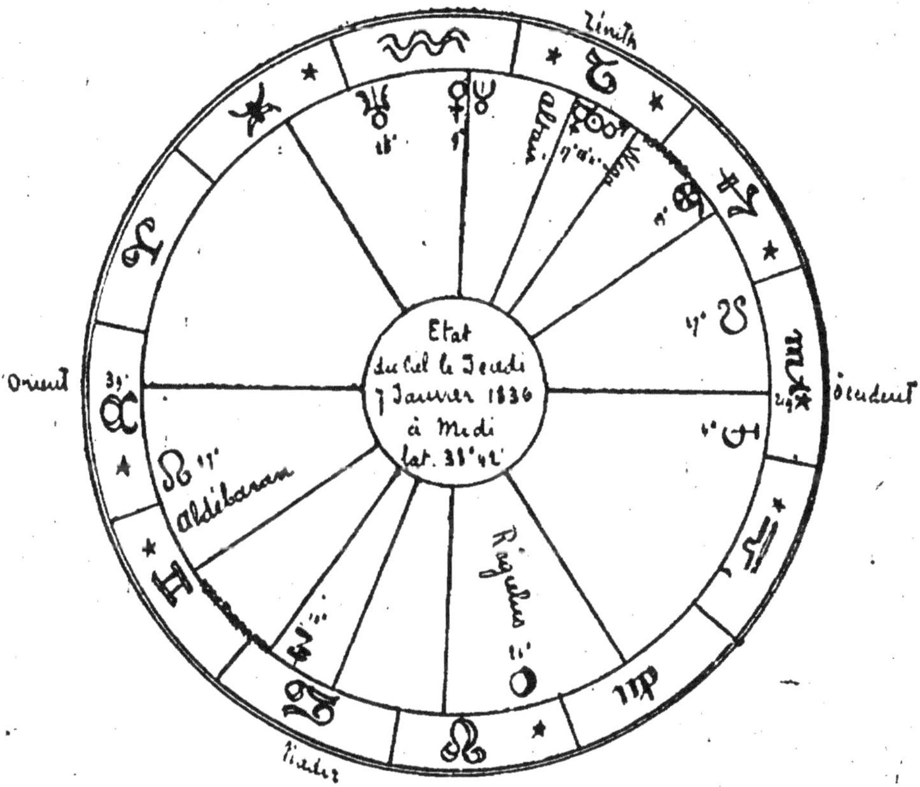

Ciel d'une naissance heureuse sous tous les rapports.

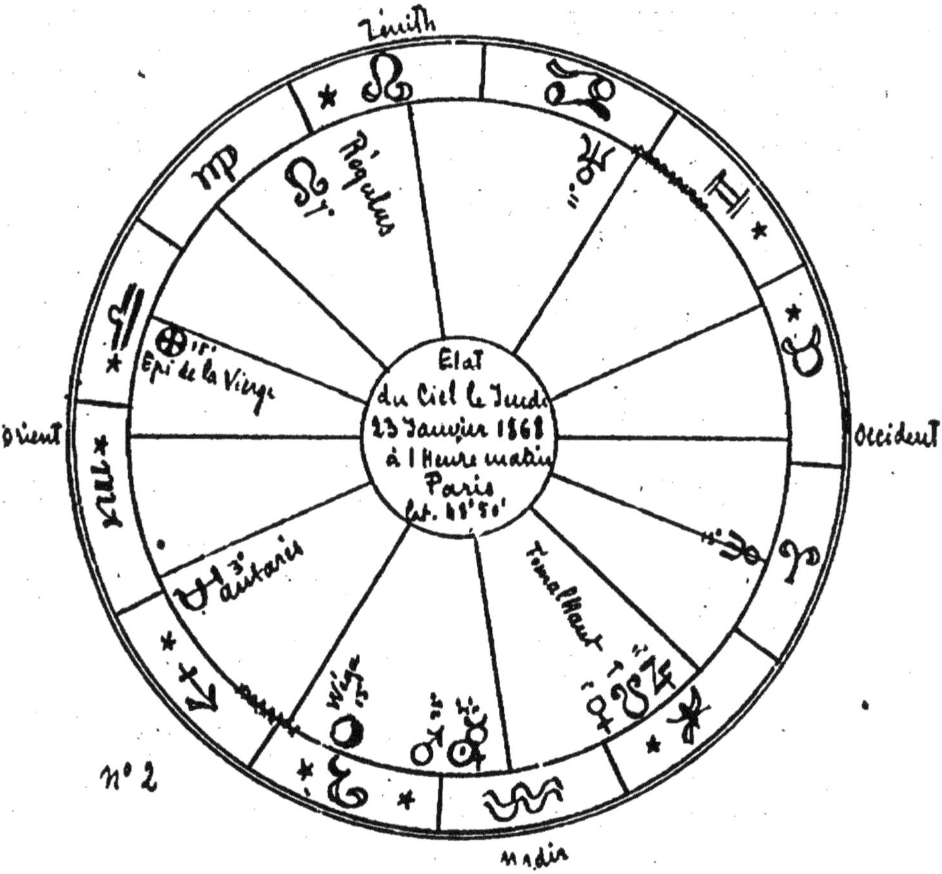

n° 2

Ciel d'une naissance malheureuse sous tous les rapports.

Voici deux ciels de naissance sur lesquels je vais donner une explication, que je tâcherai, malgré la complexité du sujet, de rendre aussi claire que possible.

Le premier Ciel est heureux : c'est celui d'un homme plein de santé, doué d'intelligence, de force, favorisé de la fortune et chargé d'honneurs.

Le second est malheureux : c'est celui d'une femme, chétive, sans intelligence, remplie de défauts, sans fortune, dont la situation est infime au point de vue social.

Pour voir si un ciel est bon ou mauvais, il faut remarquer :

1° La place occupée par le Soleil et la Lune.

Le Soleil est bon du 21 Février au 8 Septembre. C'est-à-dire depuis son entrée dans les Poissons jusqu'au 20° de la Balance, qu'on verra plus loin être celui de l'Exaltation de Saturne. A l'Orient, au point de son lever et au zénith, il est toujours favorable.

Remarque. — Le passage dans la Voie Combuste, maléficie le Soleil. Or, ce passage à lieu du 9 au 22 Juin d'une part, et du 15 au 23 Décembre de l'autre.

La Lune au 4e, 5e, 6e, 15e, 20e, 22e et 29e jour n'est pas favorable. C'est surtout dans la Balance, le Scorpion et le Verseau, ainsi que dans le passage ci-dessus indiqué de la Voie Combuste, que la mauvaise influence lunaire doit être remarquée.

REMARQUE. — Il n'est pas étonnant que le passage des luminaires dans la Voie Combuste donne un trait dans l'œil, ou la vue faible aux êtres qui naissent sous cette influence.

2° Si les planètes se trouvent au point de leur Exaltation, et quelles sont les étoiles qui occupent le zénith et l'Orient.

Or, voici quels sont les degrés des Exaltations :

Pour la Lune, le 3° du Taureau qui correspond au 22, 23 Avril ;

Pour Vénus, le 27° des Poissons, qui correspond au 17, 18 Mars ;

Pour Mercure, le 15° de la Vierge, qui correspond au 7, 8 Septembre ;

Pour le Soleil, le 19° du Bélier; qui correspond au 8, 9 Avril ;

Pour Mars, le 28° du Capricore, qui correspond au 18, 19 Janvier ;

Pour Jupiter, le 15° du Cancer, qui correspond au 6, 7 juillet ;

Pour Saturne, le 20° de la Balance, qui correspond au 12, 13 Octobre.

3° Si elles sont sur leur Trône.

Or, voici quel est le Trône des planètes :

La Lune à le sien dans le Cancer, du 21 Juin au 21 Juillet.

Vénus, dans le Taureau et la Balance, du 21 Avril au 21 Mai et du 21 Septembre au 21 Octobre.

Mercure, dans les Gémeaux et la Vierge, du

21 Mai au 21 Juin et du 21 Août au 21 Septembre.

Le Soleil, dans le Lion, du 21 Juillet au 21 Août.

Mars, dans le Bélier et Scorpion, du 21 Mars au 21 Avril et du 21 Octobre au 21 Novembre

Jupiter, dans le Sagittaire et les Poissons, du 21 Novembre au 21 Décembre et du 21 Février au 21 Mars.

Saturne, dans le Capricorne et le Verseau, du 21 Décembre au 21 Février.

Uranus et Neptune sont en dignité, la première dans le Verseau, la seconde dans les Poissons.

Remarque. — Quand les planètes bénéfiques, Vénus, Le Soleil, Jupiter, Uranus et Neptune, et mêmes celles à influence tantôt bonne, tantôt mauvaise, comme Mercure ou Vénus sont ou à leur point d'Exaltation ou sur leur Trône, les heureux présages peuvent êtres tirés de ce fait. Mais lorsque Mars ou Saturne se trouvent dans ces dignités le présage est mauvais.

4° Si les astres et la partie de fortune sont dans des signes d'heureuses influences.

5° Quelle distance existe entre les planètes.

Toutes les distances de 30, 60, 72 et 120 degrés sont d'un bon augure. Celles de 45, 90, 135 et 180 degrés sont de mauvais aspects.

Partant de ces bases, nous allons examiner les deux ciels ci-joints.

Nous voyons le Taureau se lever à l'orient du premier. Si une planète montait en même temps à l'horizon, la nature du signe du Taureau qui marque le sujet et lui donne une grande et forte taille, un tempérament sanguin, des cheveux noirs, le cou fort, etc., pourrait être différente. Mais ici, le signe seul détermine le physique du sujet.

Examinant le premier point, à savoir quelle est la place occupée par le Soleil et la Lune et si l'un et l'autre sont bons, nous voyons :

1° Le Soleil au Zénith, ce qui est toujours heureux ;

2° La Lune heureuse à son 21e jour et dans le Lion, la naissance ayant lieu dans le Capricorne.

Le second point, si les planètes sont dans leur Exaltation ou sur leur Trône, nous montre :

1° Jupiter qui influence les honneurs, les charges et les dignités, placé à 5° de sa puissance ;

2° Uranus, qui apporte les mouvements de fortune, les fluctuations d'argent, les coups de Bourse. etc., sur son Trône.

Le troisième point relatif aux conjonctions d'Etoiles donne :

1° La Lune, déjà favorable, en conjonction de Régulus, étoile brillante de première grandeur, qui amène les dignités déjà promises par Jupiter;

2° Altaïr, étoile brillante de première grandeur au Zénith, apporte des facultés de clairvoyance au point de vue de la fortune et du chemin à suivre pour augmenter la situation;

Aldébaran, étoile de première grandeur à l'Orient, projetant son rayon sur la partie du Ciel réservée au mariage, montre un mariage d'amour s'accomplissant dans la vie du sujet.

Le quatrième point fait voir :

La partie de Fortune dans le Sagittaire, signe influencé par Jupiter, indique que la fortune ira en croissant et que le sujet mourra en pleine possession de biens et à l'apogée d'une brillante situation.

Le cinquième point examiné indique :

Entre Saturne et Vénus 125 degrés Bon aspect.
— la partie de Fortune
    et Mercure 128 — —
— la Lune et Saturne 68 — —
— Jupiter et Saturne 114 — —

Les seuls aspects néfastes sont :

1° La quadrature des nœuds de la Lune avec Uranus, planète influençant les gains; mais cet aspect mauvais est contrebalancé par la place qu'occupe Uranus sur son Trône.

2° Mars, planète maléfique, en conjonction de Wéga, étoile d'art, la maléficie et éloigne le sujet des arts, quand à la pratique, même quand au goût.

3° L'opposition de Jupiter avec la conjonction de Mars, le Soleil et Mercure, aspect dont l'influence néfaste n'existe plus, à cause de ce que Jupiter est dans son Exaltation.

Le résultat de l'examen de ce Ciel est celui-ci : Il renferme douze bons aspects et trois moins bons, mais non point mauvais puisque l'influence de deux d'entre eux est annulée, et que celle du troisième n'est pas malheureuse pour tous, mais pour un nombre d'êtres très limité.

Examinons le second Ciel. Nous voyons le Scorpion se lever à l'Orient.

Si une planète montai[illegible]ême temps à l'horizon, la nature du si[illegible]u Scorpion, qui marque le sujet et lui donne la stature moyenne, le teint foncé, les cheveux bruns, le visage au pommettes et aux maxillaires prononcés, le tempérament bilieux, etc., pourrait bien être différente. Mais ici le signe seul détermine le physique.

Pour le premier point relatif à la place occupée par le Soleil et la Lune, nous voyons :

1° Le Soleil dans le Verseau et au Nadir, ce qui est doublement mauvais;

2° La Lune à son 29e jour maléfique, la naissance ayant lieu dans le Verseau.

Le second point qui doit faire rechercher si les planètes sont dans leur Exaltation ou sur leur Trône, nous montre :

Mars, planète malifique qui porte à la lutte, amène les discordes, fait naître les haines, etc., placée à 3° de sa puissance.

Le troisième point qui est celui des conjonctions d'Etoiles et des Etoiles de l'Orient et du Zénith indique :

1° Saturne, planète maléfique, en conjonction d'Antarès, étoile violente de première grandeur, placée dans une partie du Ciel qui indique les Biens, les montre perdus, annonce la ruine;

2° La Lune, d'influence mauvaise dans cette naissance, en conjonction de Wéga, étoile d'art, maléficie l'intelligence et rend nulle la compréhension artistique;

3° Mars, planète maléfique, en conjonction d'Altaïr de l'Aigle, étoile brillante qui influe sur la clairvoyance, la maléficie, et rend le jugement faux, le dirigeant toujours vers la lutte, fait que le sujet est à tort contradicteur, etc.;

4° La Balance Australe, étoile sombre à l'Orient, projète des rayons maléfiques sur la partie du Ciel réservée au mariage et empêche que le sujet soit jamais aimé.

Le quatrième point fait voir :

La partie de Fortune dans la Balance, à 5° de l'Exaltation de Saturne, planète maléfique, montre la fortune complètement perdue et le sujet absolument sans ressources.

Le cinquième point est celui qui montre :

1° Entre Saturne et la Lune 45 degrés. Mauvais aspect.

2° Entre Saturne et Mars, 55 degrés, ce qui serait bon s'il s'agissait de bonnes planètes, mais un bon aspect entre deux planètes maléfiques double la mauvaise influence.

3° Entre Mars et Jupiter, 43 degrés. Mauvais aspect.

4° Entre Saturne et Vénus, 90 degrés. Mauvais aspect.

5° La partie de Fortune et Saturne, 48 degrés. Mauvais aspect.

6° Neptune et Uranus, 96 degrés, Mauvais aspect.

Les seuls bons aspects sont :

1° Régulus, étoile brillante au Zénith ;

2° Jupiter sur son Trône ;

3° Uranus à 120 degrés de Jupiter.

Ces bons aspects portent d'après la place qu'ils occupent dans le Ciel, sur la famille qu'ils montrent bonne, et protectrice providentielle du sujet.

Dans ce ciel, même les aspects en degrés qui paraissent bons, ne le sont pas, puisqu'ils sont projetés par Saturne, qui jetant un rayon de 60 degrés sur Mercure et le Soleil maléficie à la fois l'intelligence et le cœur.

Le résultat de l'examen du Ciel est celui-ci :

Il renferme quatorze mauvais aspects et trois bons, qui ne se rapportent pas à lui, mais aux siens.

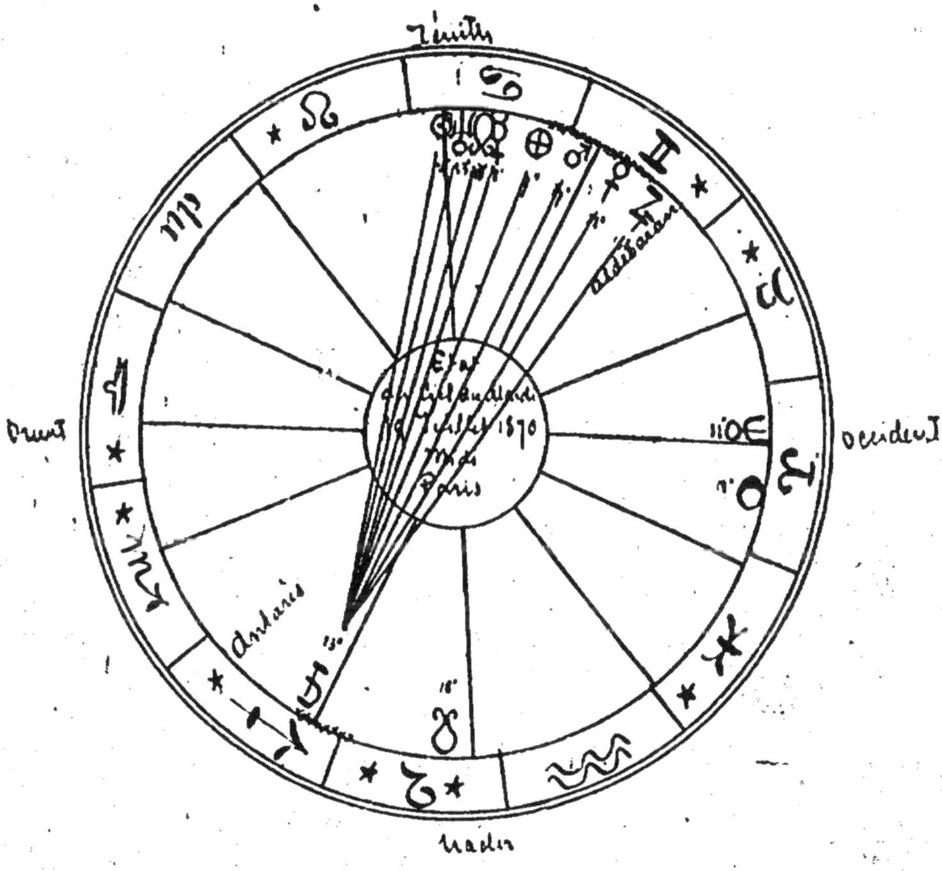

Ciel de la déclaration de la Guerre, naissance d'un régime.

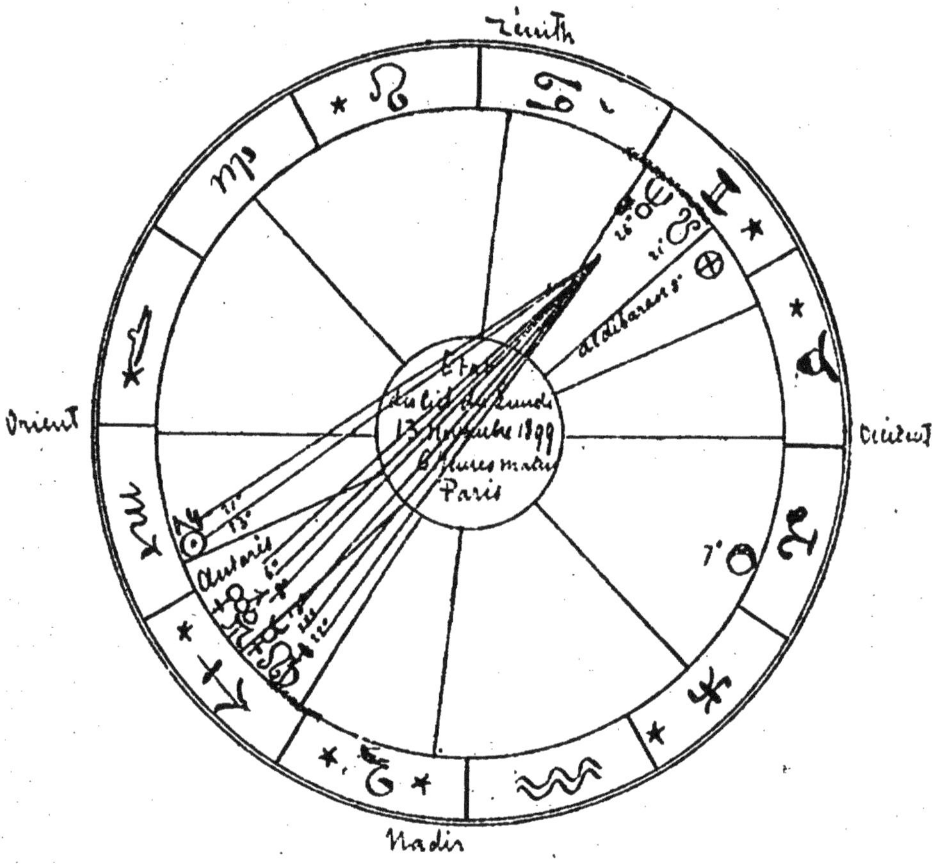

Ciel du 13 Novembre 1899, présage la chûte du régime actuel.

Les deux ciels ci-joints portent une indication qui montrent ce qu'ils sont.

Dans le premier cas, considérant la République comme une personne, comme une entité ayant son anniversaire de naissance le 19 Juillet 1870, à midi, c'est-à-dire à la date précise de la déclaration de guerre, puisque ce fut vraiment au jour et à l'heure ou cette funeste résolution fut prise, que le régime impérial prit fin, je fais un horoscope général, et cette vue d'ensemble donne une juste idée de la période politique que nous traversons.

Ainsi, au moment de la déclaration de guerre, Jupiter, Vénus, Mars, la partie de Fortune, Mercure, le Nœud ascendant de la Lune, Uranus et le Soleil, se trouvaient tous réunis du 15e degré des Gémeaux au 26e degré du Cancer et en Voie Combuste, ayant en opposition directe Saturne, alors au 23e degré du Sagittaire et en Voie Combuste. A ce moment là, la France représentée par les Gémeaux, était absolument menacée, et la chûte du régime alors existant etait imminente.

Pour moi, c'était le régime nouveau qui naissait. En effet Neptune, qui préside aux idées humanitaires, se trouvait alors en quadrature occidentale avec le Soleil. Le regime républicain allait s'imposer.

Le second est celui du 13 Novembre dernier. Maintenant Neptune et le Nœud descendant de la Lune, se trouvent dans les Gémeaux, en Voie Combuste, et en opposition directe de cette planète se trouvent Jupiter, le Soleil, Vénus, Uranus, Mars, Mercure, le Nœud ascendant de la Lune et Saturne, au 22e degré du Sagittaire dans la Voie Combuste.

Ce retour de Saturne à son point de départ et ces conjonctions et oppositions extraordinaires, est certainement l'annonce de la chute du régime actuel.

En effet, Saturne met vingt-neuf ans cent-soixante-six-jours, pour opérer sa révolution, et si nous commençons à compter à partir du 19 Juillet 1870, nous trouvons que le 2 Janvier prochain marque l'un des premiers degrés de la décadence du régime et le point de départ de trois années qui nous conduiront à sa fin.

A ce moment-là les planètes principales seront réunies entre le 15e degré du Capricorne et le 5e degré du Verseau. Saturne et le Soleil seront conjoints en eau, suivant la prédiction de Nostradamus.

> L'an que Saturne en eau sera conjoint,
> Avecques Sol. le Roy fort et puissant,
> A Reims et Aix sera reçu et oint,
> Après conquestes meurtrira innocent.

La date de cette conjonction est le 21 Janvier 1903.

★

DES ATTRACTIONS

Les attractions, pour un être, sont les choses qui dans chaque règne reçoivent la même influence que lui, qui par conséquent sont harmonieuses à sa nature et à sa personne.

Tout être qui porte les couleurs et les fleurs qui lui sont particulières, le métal et les pierres qui lui sont spéciaux, qui s'entoure d'animaux attirant les mêmes influences que lui, est réellement dans son cadre, et double la force de l'influx dont il est imprégné, par ce fait de vivre dans un centre d'unité d'attraction.

C'est pourquoi, celui qui par sa naissance est placé sous l'influence du Soleil, devra porter comme couleur, le jaune; comme métal, l'or; comme pierre, le rubis; comme fleurs, le mimosa et l'héliotrope. C'est pour lui que le gui sera un emblême.

Celui qui naîtra influencé par la Lune devra porter le blanc; son métal sera l'argent; sa pierre sera l'émeraude; ses fleurs seront le narcisse, le lys, la tubéreuse, les jacinthes blanches. Le lotus sera son emblème.

Celui qui sera sous l'influence de Vénus, portera comme couleur le rose et le vert Nil;

son métal sera le cuivre rouge ; ses pierres, le diamant, le lapis-lazuli, l'agate; ses fleurs, les roses, les pensées, le jasmin. Le myrthe sera l'emblême de cette influence.

Celui que dominera Mercure, aura comme couleurs le vert et toutes les teintes claires changeantes à reflets verts, vert-blanc, vert-rose, vert-jaune, etc. Son métal sera le vif-argent-fixé; ses pierres seront le béryl et le jaspe; ses fleurs, la reine-des-prés, la verveine. Les épis seront un emblême pour lui.

A celui qui sera sous l'influence de Mars appartiendra la couleur rouge; le fer comme métal; l'améthyste et la topaze comme pierres; les bruyères et l'œillet rouge comme fleurs. C'est dans le houx qu'il trouvera son emblême.

A l'influence de Jupiter s'attachera comme couleur, le bleu; comme métal, l'étain; comme pierres, la chrysolite et l'escarboucle; comme fleurs, les giroflées; comme emblême, le laurier.

C'est à l'influence de Saturne qu'on devra de porter les couleurs violettes; le plomb comme métal; le saphir clair, la chalcédoine, comme pierres; les pavots et les chrysanthèmes comme fleurs. Le buis sera l'emblême de cette influence.

Toutes ces indications sont extrêmement générales. Ce n'est qu'avec l'état du Ciel placé exactement tel qu'il était à la naissance qu'il est possible de connaître les attractions particulières. Il est indispensable d'avoir pour établir cet état du Ciel, non seulement la date exacte de la naissance, mais l'heure avec la plus grande précision possible. Car, lors même que quelqu'un serait né sous Jupiter quand au mois, on peut en plaçant le Ciel trouver cette planète si défavorablement placée, qu'il n'en faudrait prendre les attractions à aucun prix, étant donné que, s'il est possible, facile, avantageux d'attirer sur soi l'influence plus puissante d'une planète bonne à la naissance, il est impossible de rendre favorable celles dont l'influence est mauvaise alors.

RAPPORTS
DES SIGNES DU ZODIAQUE AVEC LES HUMAINS

Les signes du Zodiaque appartiennent aux deux sexes.

Il y en a six masculins qui sont : Le Bélier, les Gémeaux, Le Lion, La Balance, le Sagittaire et le Verseau.

Six féminins qui sont : le Taureau, le Cancer, la Vierge, le Scorpion, le Capricorne et les Poissons.

Les signes à figure humaines, inspireront des mœurs douces et honnêtes.

Ceux des animaux brutes et féroces inclineront à un caractère analogue.

D'autres sont doubles et contribuent puissamment à augmenter la force des influences.

La réunion altère en des sens opposés l'énergie réciproque. L'activité des deux figures ainsi appariées peut n'être pas la même. L'une portera au bien, l'autre au mal.

Il y a aussi des signes composés de deux corps différents, et là encore sont des influences de natures composées et complexes.

REMARQUE IMPORTANTE. — Tous les signes humains sont ennemis et restent vainqueurs de ceux qui ont une figure d'animaux.

Il ne faut pas croire que ce soit sans motifs que la nature a donné aux signes différentes attitudes.

Les uns sont assis — image naturelle des esprits aimant la tranquillité et le repos.

Les autres sont courants — et marquent ceux qui aiment l'activité et les projets de l'esprit.

Il y en a qui sont debout — ils sont l'image de ceux qui entretiennent en eux un juste équilibre.

Enfin les autres sont couchés — image naturelle de ceux qui sacrifient beaucoup à leur propre repos.

Des hommes s'aiment entre eux: ils écoutent volontiers ceux-ci, voient ceux-là avec plaisir, haïssent les uns, ont la plus tendre amitié pour les autres, tendent des pièges à ceux-ci et se laissent tromper par ceux-là.

Ils tiennent ce caractère des astres qui ont présidé à leur naissance. Ainsi :

Le Bélier (21 Mars au 21 Avril) est son propre conseil, cela convient à un chef, il s'écoute, regarde la Balance (21 Septembre au 21 octobre) et s'abuse en aimant le Taureau (21 Avril au 21 Mai).

Le Taureau (21 Avril au 21 Mai) tend des embûches au Bélier (21 Mars au 21 Avril) écoute les Poissons (21 Février au 21 Mars), mais son âme est éprise de la Vierge (21 Août au 21 Septembre).

Les Gémeaux (21 Mai au 21 Juin), leur oreille se porte avec le Verseau (21 Janvier au 21 Février), les Poissons (21 Février au 21 Mars) sont l'objet de leur complaisance, le Lion (21 Juillet au 21 Août) celui de leur attention.

Le Cancer (21 Juin au 21 Juillet) et le Capricorne (21 Décembre au 21 Janvier) diamétralement opposés, se regardent et se prêtent l'oreille. Le Cancer (21 Juin au 21 Juillet) tâche de faire tomber le Verseau (21 Janvier au 21 Février) dans ses pièges.

Le Lion (21 Juillet au 21 Août) dirige sa vue sur les Gémeaux (21 Mai au 21 Juin), son oreille vers le Sagittaire (21 Novembre au 21 Décembre), il aime le Capricorne (21 Décembre au 21 Janvier).

La Vierge (21 Août au 21 Septembre) regarde le Taureau (21 Avril au 21 Mai), écoute le Scorpion (21 Octobre au 21 Novembre) et cherche à tromper le Sagittaire (21 Novembre au 21 Décembre.

La Balance (21 Septembre au 21 Octobre) se consulte elle-même. Ne voit que le Bélier (21 Mars au 21 Avril) chérit tendrement le Sagittaire (21 Novembre au 21 Décembre).

Le Sagittaire (21 Novembre au 21 Décembre) prête une oreille attentive au terrible Lion (21 Juillet au 21 Août) ne détourne pas les yeux du Verseau (21 Janvier au 21 Février) et n'affectionne que la Vierge (21 Août au 21 Septembre).

Le Capricorne (21 Décembre au 21 Janvier) se contemple lui même et écoute le Cancer (21 Juin au 21 Juillet).

Le Verseau (21 Janvier au 21 Février) écoute attentivement les Gémeaux (21 Mai au 21 Juin), cultive l'amitié du Cancer (21 Juin au 21 Juillet) et regarde le Sagittaire (21 Novembre au 21 Décembre).

Les Poissons (21 Février au 21 Mars) tournent leur vue vers le Scorpion (21 Octobre au 21 Novembre) et désire entendre le Taureau (21 Avril au 21 Juin).

Remarque. — Les indications sur le Scorpion n'existent pas.

Le Zodiaque est divisé en quatre trigones.

1° Celui de Feu, composé du Bélier, du Lion et du Sagittaire;

2° Celui de Terre, composé du Taureau, de la Vierge et du Capricorne;

3° Celui d'Air, composé des Gémeaux, de la Balance et du Verseau;

4° Celui d'Eau, composé du Cancer, du Scorpion et des Poissons.

Le Bélier commande le trigone		du Feu.
Le Taureau	—	de Terre.
Les Gémeaux	—	d'Air.
Le Cancer	—	d'Eau.

1° Le Bélier favorise ceux qui sont nés sous le Lion et le Sagittaire avec plus de franchise qu'il n'est lui-même favorisé par ce dernier signe. Il est d'une nature plus traitable, on peut lui nuire impunément; il n'use d'aucun artifice. Le signe du Lion est plus farouche. Le Sagittaire est porté quelquefois à sacrifier sa bonne foi à ses intérêts et à oublier les bienfaits qu'il a reçus.

2° Le Taureau est pareillement uni au Capricorne, mais cette union n'est pas plus solide que celle des signes précédents. Ils ont une tendre amitié pour ceux qui naissent dans la Vierge, mais il s'y mêle de fréquents sujets de plaintes.

3° Les Gémeaux n'ont avec la Balance et le Verseau qu'une âme et qu'un cœur. Leur union est indissoluble. Ils ont aussi le talent de se faire un grand nombre d'amis,

3° Le Cancer, avec le Scorpion et les Poissons se réunissent par les liens d'une amitié fraternelle, mais la ruse vient se mêler à ce commerce. Le Scorpion, sous le voile de l'amitié enfante des querelles. Les Poissons ne sont jamais fermes dans un même sentiment. Ils en changent souvent; ils rompent et renouent leurs liaisons. Sous un extérieur serein, ils cachent des haines secrètes, mais peu constantes.

MÉTAUX, ANIMAUX PLANTES, FLEURS & FRUITS

LEUR INFLUENCE PARTICULIÈRE.

SOLEIL — JAUNE

Métal : l'Or. — *Pierres* : le rubis, l'hyacinthe, la chrysolite et tous les minéraux jaune-clair, tels que l'ocre. — *Animaux*: l'aigle, le lion, l'abeille, l'angora, le cheval de luxe, le coq. — *Plantes* : le palmier, le caféier, le safran, le romarin, le blé, les aromates, le citronnier, les citrons, l'oranger et les oranges. — *Fleurs* : l'héliotrope, la primevère, l'asphodèle, l'églantier, la lavande, le lilas jaune, le pavot, la chrysanthème, le gui, la menthe, le magnolia, le mimosa.

LUNE — BLANC

Métal: l'argent. *Pierres*: l'émeraude, le diamant, la perle, l'opale, la chaux, la sélénite et toutes les pierres blanches, tendres. *Ani-*

maux : l'oiseau bleu, le rossignol, le lièvre, la cigogne, l'écrevisse, l'huitre, les limaçons, les grenouilles, les poissons. — *Plantes* : le tabac, le thé, le pavot, les joncs, le nénuphar. — *Fleurs :* le narcisse, la tulipe, les jacinthes, le lotus, le lys, le bégonia, les balsaminées, les pivoines.

MARS — ROUGE

Métal : le Fer. — *Pierres :* l'améthyste, le soufre. la pyrite, l'ocre rouge et toutes les pierres rouges communes, l'aimant, le vermillon. — *Animaux :* le taureau, le loup, le sanglier, le chien, le vautour, les serpents venimeux, le scorpion, le tigre, l'hippopotame. — *Plantes :* le poivrier, le houblon, le genêt, le houx, les fougères, les bruyères, les maronniers et les marrons, le coquelicot et l'œillet rouge.

MERCURE — VERT.

Métal : le vif-argent fixé. — *Pierres :* le béryl, le jaspe, le grenat, toutes les pierres à raies, le silex, la calcédoine et la cornaline. — *Animaux :* le singe, le renard, le perroquet, l'écureuil, le chat de gouttière, le passereau, la pie, les fourmis, les sauterelles, les grillons. — *Plantes :* la marjolaine, le troëne, le chevrefeuille des bois, le seigle, l'orge, les noisettiers et les noisettes, le noyer et les noix, le coudrier, le sureau, les trèfles. — *Fleurs :* la reine-des-prés, la verveine.

Jupiter — Bleu

Métal : l'étain. — *Pierres :* l'escarboucle, la chrysolite blanche et étincelante, le saphir foncé, la turquoise foncée, les pierres mélangées de rouge et de vert, le corail foncé. — *Animaux :* l'éléphant, le daim, le cerf, le paon, le faucon, le mouton, l'alouette, la biche et la corneille. — *Plantes :* le chêne, la vigne et les raisins, le laurier, les arbres résineux qui produisent l'encens, le cannelier, la canne à sucre, le baume, l'amandier et les amandes, le grenadier et les grenades, le cerisier et les cerises, le fraisiers et les fraises, le mûrier et les mûres, le dattier et les dattes. — *Fleurs :* l'aubépine rose, le lin, la giroflée, la violette rosée.

Vénus — Rose

Métal : le cuivre. — *Pierres :* l'agate, le lapis-lazuli, les turquoises claires, le corail blanc, l'albâtre, toutes les pierres blanches communes opaques, le marbre blanc. — *Animaux :* la brebis, la chèvre, le musc, le faisan, la colombe, la tourterelle, le moineau, le cygne. — *Plantes :* le pin, le vanillier et la vanille, le myrthe, le pommier et les pommes, le pêcher et les pêches. — *Fleurs :* le muguet, les roses, le lilas, la paquerette, le jasmin blanc, la pensée, le myosotis, la violette blanche et claire.

Saturne — Violet

Métal : le plomb. — *Pierres :* l'onyx, le saphir clair, le jais, la perle noire, l'obsidienne. — *Animaux :* le chameau, l'âne, le hibou, la taupe, la chauve-souris, la tortue, l'anguille, le rat, le scarabée, l'araignée, le crapaud. — *Plantes :* le neflier et les nèfles, le saule, le cyprès, le frêne, les plantes grasses, la cigüe, la belladone, le pavot noir. — *Fleurs :* la violette foncée, l'iris noir, le cinéraires, les chrysanthèmes foncés.

★

Degrés de naissance réputés splendides

Le 19e degré du Bélier qui correspond au 8 Avril.

Le 3e degré du Taureau qui correspond au 22 Avril.

Le 11e degré des Gémeaux qui correspond au 1er Juin.

Les 3 et 15e degrés du Cancer qui correspondent aux 24 Juin et au 6 Juillet.

Les 3, 5, 7 et 17e degrés du Lion qui correspondent aux 25, 27, 29 Juillet et 6 Août.

Les 3, 13 et 20e degrés de la Vierge qui correspondent aux 25 Août, 5 et 12 Septembre.

Les 3, 5 et 21e degrés de la Balance qui correspondent aux 25, 27 Septembre et 13 Octobre.

Les 7, 13 et 20e degrés du Scorpion, qui correspondent aux 29 Octobre, 4 et 11 Novembre.

Le 13e degré du Sagittaire qui correspond au 4 Décembre.

Les 12, 13, 14 et 20e degrés du Capricorne qui correspondent aux 2, 3, 4 et 10 Janvier.

Les 7, 16, 17 et 20e degrés du Verseau qui correspondent aux 27 Janvier, 5, 6 et 9 Février.

Les 13 et 20e degrés des Poissons qui correspondent aux 3 et 10 Mars.

DES TALISMANS

Un talisman est un objet auquel on attache une influence de protection ou de bonheur.

Tout talisman doit rappeler un symbole. C'est à cette seule condition qu'il est permis de lui attribuer une influence particulière et le don d'attirer sur celui qui le porte une protection de l'Invisible. De tous temps et chez tous les peuples, on en retrouve l'usage. Il est certain que la croix ansée, la main de Justice, le thau, le pentagramme, le double triangle, le globe ailé, le scarabée, pour ne parler que de ceux-là, sont des symboles et par conséquent, des talismans.

Les symboles religieux, la croix et la médaille ont une puissante influence.

Celle qu'on attache aujourd'hui à de certaines amulettes, est absolument du domaine de la superstition. J'en excepte la médaille de Saint-Georges, qui est l'antique médaille d'Horus et le trèfle, qui par lui-même symbolise la Trinité, et rentre par conséquent dans les talismans. Encore faut-il un trèfle naturel et ne doit-il pas avoir quatre feuilles, car alors il est plus rare, mais moins symbolique. L'habitude qu'on a en Italie de présenter la main fermée, le pouce en dedans, l'index et l'auriculaire étendus contre le *mauvais œil*, donne une raison d'être aux cornes de corail qui sont l'image naturelle de la main ainsi présentée.

Mais, il existe un signe ou symbole qu'on retrouve sous un nom différent chez tous les peuples et dans toutes les religions, c'est la Roue.

Ce signe résume leurs croyances, et toujours une vertu céleste de préservation et de protection lui a été attribuée.

Toutes les religions évidemment découlent d'une origine commune; il n'est donc pas surprenant de constater en chacune d'elles des ressemblances plus ou moins nombreuses et évidentes, qui en décèlent l'unité initiale. Les savants chercheurs qui ont fouillé le plus avant dans l'étude de ces grandes questions religieuses, ont partout retrouvé les mêmes croyances, sous la diversité des formes et des appellations, et il est à remarquer qu'elles convergent toutes vers un centre unique d'une part, et de l'autre, que le Soleil et ses satellites, les signes du ciel etc., ont surtout fixé l'attention des âmes mystiques, présenté l'objet de leurs plus précieuses études, sollicité au plus haut degré le développement de leurs tendances religieuses, en ouvrant à leur intelligence, à leur foi, les plus sublimes horizons, et en leur donnant la prescience des choses divines et cachées.

Or, toutes les croyances et tous les symboles qui les rappellent ou les expriment, sont réunis dans la roue, qui par la vertu des signes qu'elle représente, des grandes et sublimes choses qu'elle évoque, est le talisman par excellence. Roue du Zodiaque, roue de vie, roue du Soleil, roue de fortune, roue de bonheur pour tous, elle est pour ceux qui attendent le règne de l'Esprit, la roue Mystique que figurait la vision d'Ezéchiel.

Paris — Imp. L. Baudraud, 19, Rue du Buisson-Saint-Louis.

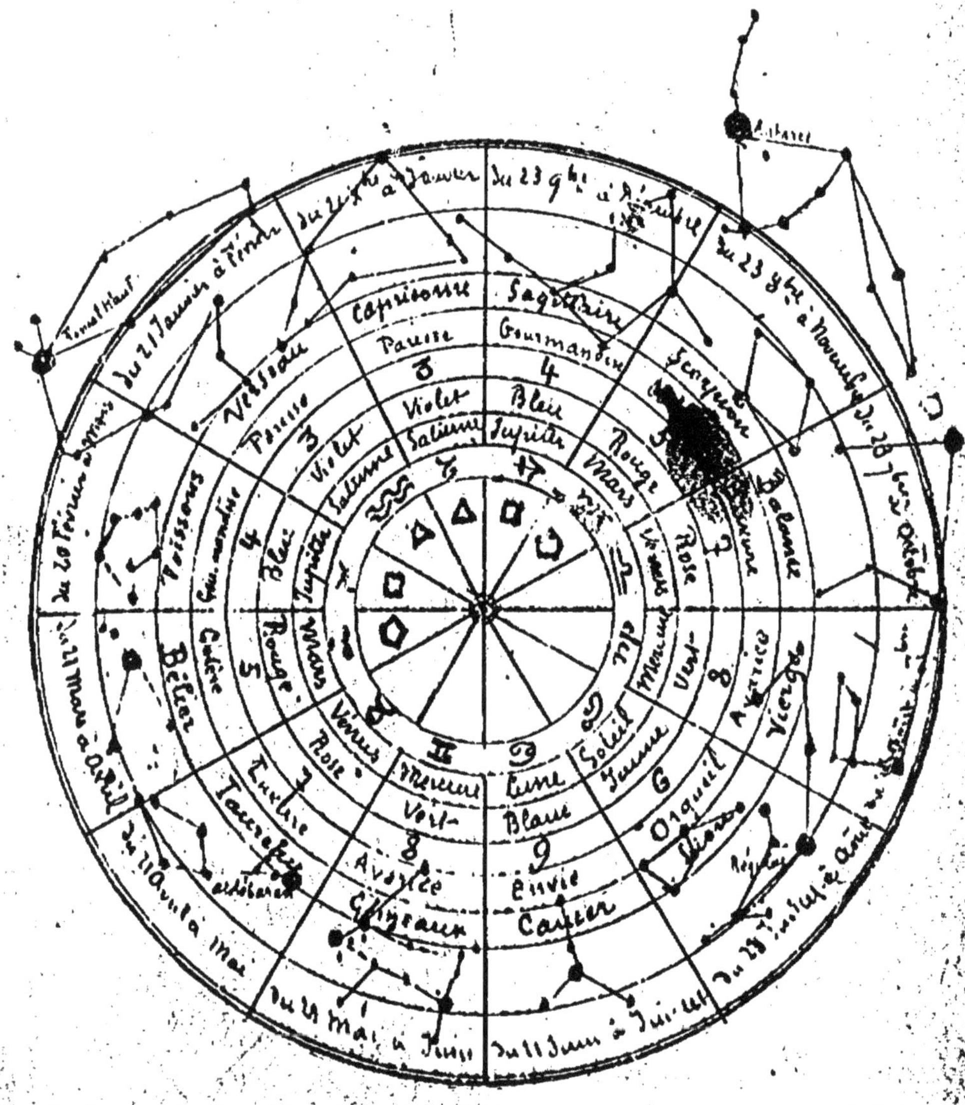

Capricorne
Sagittaire
Paresse
Gourmandise
Violet
Bleu
Saturne
Jupiter
Verseau
Poissons
Bélier
Taureau
Gémeaux
Cancer
Lion
Vierge
Balance
Rouge
Mars
Rose
Vénus
Mercure
Vert
Lune
Blanc
Soleil
Jaune
Orgueil
Envie
Avarice
Colère
Luxure
Du 23 Mai à Juin
Du 21 Juin à Juillet
Du 21 Mars à Avril
Du 20 Février

www.ingramcontent.com/pod-product-compliance
Ingram Content Group UK Ltd.
Pitfield, Milton Keynes, MK11 3LW, UK
UKHW031942260826
14628UKWH00004B/1799

9 782019 698102